ÉDICT
DV ROY,

IMPORTANT CREATION

D'VN BVREAV DES FINANCES
à Angers.

*Verifié en Parlement & Chambre des Comptes,
les 7. & 11. iour de Septembre 1645.*

A PARIS,

Chez P. ROCOLET, Impr. & Libr. ord.
du Roy, au Palais, aux Armes du
Roy, & de la Ville.

___

M. DC. XLV.
Auec Priuilege de sa Maiesté.

OVIS PAR LA GRACE
DE DIEV ROY DE FRANCE
ET DE NAVARRE. A tous
prefens & à venir, Salut. Le
feu Roy de tres-heureufe me-
moire, ayant par fon Edict du
mois d'Avril 1638. creé &
eftably vn Bureau des Finan-
ces en la ville d'Angers, auroit depuis fur les in-
ftances de quelques particuliers qui s'y preten-
doient intereffez, reuoqué ledit eftabliffement, lequel nous auons reconneu tellement neceffaire
pour la commodité de nos fubjets, outre le fecours
que nous pouuons tirer de la Finance des Offices
que nous auons refolu de faire executer la pre-
miere intention de noftredit feu Seigneur & Pere
fur ce fuject. A CES CAVSES, Sçauoir
faifons, qu'apres auoir mis cette affaire en delibe-
ration en noftre Confeil : DE L'ADVIS de la
Reyne Regente noftre tres-honorée Dame &
Mere, de noftre tres-cher Oncle le Duc d'Orleans, de noftre tres-cher Coufin le Prince de
Condé, & autres Princes, & Officiers de noftre
Couronne, grands & notables perfonnages de noftredit Confeil, & de noftre plaine puiffance & authorité Royale; Nous auons par noftre prefent
Edict perpetuel & irreuocable, Reftably & refta-
bliffons ledit Bureau d'Angers conformément à

l'Edict de creation du mois d'Auril 1638. nonob-
ftant les Lettres de reuocation d'iceluy interuenu
en confequence, aufquelles nous auons expreffe-
ment dérogé & dérogeons: Et en tant que befoin
eft ou feroit, Nous auons de noftre mefme puiffance & authorité cy-deffus, creé & erigé, creons
& erigeons en noftredite ville d'Angers vne Generalité & Bureau de recepte generalle de nos Finances, & pour iceluy compofer les Offices cy-
apres declarez; Affauoir quatre nos Confeillers,
premier, fecond, troifiéme & quatriéme Prefidens,
Treforiers de France, dix-huict auffi nos Confeillers Treforiers de France & generaux defdites Finances, Garde-feels, attendu la revnion que nous
faifons à tous lefdits Offices de la fonction & des
droicts attribuez à l'Office de Garde-feel; Vn noftre Confeiller Aduocat; Vn noftre Confeiller
Procureur pour nous audit Bureau, aufquels Offices d'Aduocat & Procureur, Nous auons reüny &
incorporé ceux d'Aduocat & Procureur alternatif
de nouuelle creation; Trois nos Confeillers Receueurs generaux de nos Finances; Trois nos Confeillers & Controlleurs generaux defdites Finances; Trois nos Confeillers Receueurs generaux du
du Taillon; Trois nos Côfeillers & Controlleurs
generaux dudit Taillon; Trois nos Confeillers
Receueurs & Payeurs des gages & efpices des
Officiers dudit Bureau; Trois nos Côfeillers Treforiers des Ponts & Chauffées; Trois nos Confeillers Controlleurs generaux defdits Ponts &
Chauffees; Trois nos Confeillers Receueurs &
Payeurs des Rentes Prouinciales de ladite Gene-

ralité, & trois nos Conſeillers Controlleurs deſdites rentes Prouinciales; Trois Greffiers & trois
Maiſtres Clercs dudit Bureau des Finances anciens
alternatifs & triennaux; Vn Greffier & Maiſtre
Clerc du Domaine & Voirie pour l'ordinaire des
cauſes d'audience & procez par eſcrit; Vn Con-
trolleur deſdits Greffes, & des actes des expeditions dudit Bureau; Dix Procureurs Poſtulans: Vn
premier Huiſſier Garde meubles & huict autres
Huiſſiers dudit Bureau & Domaine, & vn Buue-
tier; leſquels Offices de Receueurs generaux des
Finances, du Taillon & de Controlleurs generaux
des Finances dudit Taillon, Receueurs & Payeurs
deſdits gages & eſpices, Receueurs & Payeurs deſdites rentes Prouinciales & Controlleurs Treſoriers des Ponts & Chauſſees & leurs Controlleurs,
Procureurs & Huiſſiers, Nous auons fait & faiſons
hereditaires, ſans qu'ils puiſſent eſtre declarez
domaniaux, rembourſez ny ſujets à aucune reuente.
Comme pareillement faiſons hereditaire & domaniaux leſdits Greffiers, Maiſtres Clercs & Controlleurs deſdits Greffes, tout ainſi que ceux des
autres Generalitez, ſans qu'ils puiſſent eſtre reuen-
dus de dix ans, pour y eſtre par nous preſentement
& cy-apres pourueu de perſonnes capables graduez & non graduez à toutes mutation meſmes
auſdits Offices Caſuels vacation aduenant par
mort, forfaiture, reſignation ou autrement: A tous
leſquels Offices, Nous auons attribué & attribuons les meſmes honneurs, authoritez, connoiſ-
ſances, juriſdictions, prerogatiues, rang, ſeance,
priuileges, exemprions, franchiſes, libertez, fon-

A iij

étions, profits, reuenus & émolumens que ceux dōt jouïffent les Officiers de pareille Generalité des Generalitez de ce Royaume, & tels qu'il leur font attribuez par plufieurs nos Edicts & Declarations, fpeciallement audit Treforier Garde-feel par noftre Edict du mois de May 1633. fans aucune difference ny exception, encores que le tout ne foit particulierement cy-declaré : Auquel Bureau & Generalité reffortiront les Ellections d'Angers, Laual, Chafteau-Gontier, la Fleche, Baugé, Saumur & Montreuil-Bellay : Lefquelles Ellections auons par le prefent Edict def-vnies & dé-membrées de la Generalité de Tours, & icelle dés à prefent à toûjours vnies & incorporées à celle d'Angers, ou fera choifi vne maifon ou place pour baftir vn Bureau, Chambre du Domaine, Archiues & logemens neceffaires, pour l'achapt & frais duquel baftiment, Nous donnons & affectons la fomme de vingt-huict mil cinq cens liures qui fera prife és années 16   .16   .& 16   .des deniers de la fubuention de ladite ville d'Angers & payée par les Receueurs qui en font la recepte, fuiuant l'Ordonnance des Commiffaires qui feront l'eftabliffement dudit Bureau, dont lefdits Receueurs demeureront valablement defchargez, auquel lieu d'Angers les Receueurs de noftre Domaine, Receueurs de nos Tailles, Taillon, Aydes, Gabelles & autres defdites Ellections qui en feront la leuée, & qui auoient accouftumé de payer à la recepte generale de Tours, Apporteront les deniers de leur maniement és mains defdits Receueurs generaux chacun en l'année de fon exercice,

Ce que nous leur enjoignons de faire, sans que les
Tresoriers generaux de France de ladite Generalité de Tours puissent plus ordonner, & disposer
de nosdites Finances, Domaine & Voirie, & autres choses dependantes dudit Ressort, ny aucune-
ment s'en entremettre, à peine de nullité, cassation
de procedures, & de tous despens, dommages &
interests en leurs propres & priuez noms : Et à cette fin faisons tres-expresses inhibitiõs & deffences
à nos subjects desdites Eslections de les reconnoi-
stre ; lesquels Receueurs generaux des Finances, du
Taillon, Ponts & Chaussées, Receueurs Payeurs
& Controlleurs desdites rentes Prouinciales créez
par le present Edict, pourront rembourser si bon
leur semble à proportion du maniement qu'ils feront, la Finance que ceux de la Generalité de Tours
ont payée pour iouïr des taxations à eux attribuées : Et ce faisant iouïr en leur lieu & place desdites taxations, & estre exempts de bailler caution
des deniers de leurs charges : Et en cas qu'ils fassent ledit rembourcement, Voulons qu'en rappor-
tant seulement copie collationnée des quittances
de Finance payée par lesdits Receueurs generaux
des Finances, du Taillon, des rentes Prouinciales
& Ponts & Chaussées de ladite Generalité de
Tours endossée dudit remboursement ; Ils soient
pareillemēt deschargez de bailler cautions & cer-
tificateurs, Ausquels Officiers comptables, sera
d'oresnauant fait fonds par chacun an de la somme
qu'il conuiendra pour les espices, façon & redition
de leurs comptes : Et pour donner moyen ausdits
Officiers créez par le present Edict de pouuoir

s'entretenir en exerçeant leurs charges, Nous leur auons attribué & attribuons les gages qui enſui-uent; A ſçauoir à chacun des quatre Preſidens quatre mil liures; A chacun des dix-huict Treſo-riers de France & generaux de nos Finances Gar-des-ſeels trois mil trois cens trente-ſept liures de gages, droicts d'entrée, de preſence & de buſche, & en outre le droit aux vingt ſols pour mil liures, attribuez aux Offices de Treſoriers Gardes-ſeels, par l'Edict de leur creation. A noſtre Aduocat & à noſtre Procureur deux mil deux cens cinquante li-ures de gages, droits de preſence & de buſche cha-cun, ſans que leſdits droits de preſence & de buſche puiſſent eſtre diminuez auſdits Officiers ou aucun d'eux par abſence ou autrement pour quelque cau-ſe que ce ſoit; A chacun deſdits Receueurs gene-raux de nos Finances, ancien, alternatif & triennal deux mil cinq cens liures de gages: A chacun deſ-dits Controlleurs generaux des Finances cinq cens liures; A chacun des Receueurs generaux du Tail-lon mil liures: A chacun des Controlleurs gene-raux dudit Taillon trois cens liures; A chacun des Receueurs Payeurs des gages & eſpices trois cens liures; A chacun des Treſoriers des Ponts & Chauſſées quatre cens liures, A chacun des Con-trolleurs deſdits Ponts & Chauſſées cent cinquäte liures: A chacun des Receueurs & Payeurs des rentes Prouinciales quatre cens liures: A chacun des Controlleurs deſdites rentes Prouinciales cent cinquante liures: A chacun des Greffiers dudit Bu-reau des Finances quatre cens liures: A chacun Maiſtre Clerc deſdits Greffiers cent liures; Au

Greffier

Greffier de la Iurifdiction contentieufe du Domaine & Voirie deux cens cinquante liures : Au Maiftre Clerc dudit Domaine & Voirie foixante quatre liures ; Au premier Huiffier Concierge & Garde-meubles deux cens liures ; Et à chacun des huict autres Huiffiers quarante liures. De tous lefquels gages, droits de prefence & de bufche môtant enfemble à la fomme de Cent mil liures, fera fait & laiffé fonds par chacun an dans nos Eftats de ladite recepte generale, à commencer l'année prefente 1645. & les fuiuantes, qui fera deliuré de quartier en quartier és mains dudit Payeur des gages en exercice & par luy payé à chacun defdits Officiers, fur leurs fimples quittances, auffi en la mefme forme & maniere, fans aucune difficulté. Iouïront en outre nofdits Prefidens, Treforiers generaux, Garde-feels ; nos Aduocat & Procureur de pareils droicts d'efpices pour l'affiette & impofition de nos Tailles & Creuës ordinaires & extraordinaires, & Lettres d'Affiette pour la verification des Eftats au vray de tous les comptables de ladite Generalité & de toutes autres qui côcernerôt noftre feruice ou les affaires des particuliersque ceux que nous auons attribuez aux Officiers des autres Bureaux de ce Royaume, & nottâment par noftre Edict du mois de May 1635. mefmes nofdits Greffiers des droicts & émolumens portez par le Reglement fait le 6. Octobre 1631. Auront lefdits Prefidens & Treforiers generaux de France, l'entiere direction de l'impofition & leuée de nos Aydes, Tailles, Gabelles, octrois, deniers communs des villes & communautez, verifications des Eftats

de nos deniers & de ceux de nos baux generaux
des Gabelles, des Cinq groſſes Fermes & autres
qui s'adjugent en noſtre Conſeil. Procederont à la
reception des Officiers de finances & expeditions
des attaches ſur Lettres de prouiſions d'Offices &
nomination de Chapelle, Regiſtrement de quit-
tance de finance & contraçts d'engagement d'Offices & droiçts domaniaux & hereditaires, attribu-
tion & augmentation de gages & droits. Lettres de
dons, penſions, lots, ventes & treziéme bien-faits,
recompences, aubeynes, desherences & autres pa-
reilles natures; Lettres de confirmation d aduis,
d'affranchiſſement, d'exemptions, remiſes & deſ-
charges des Tailles & prix de Ferme. Lettres de
commiſſion, admortiſſ mét, verification des Eſtats
des cõptables, meſmes des frais des eſpaues & paſ-
ſages des gens de guerre. Baux des terres, droiçts &
reuenus de nos Domaines, des oçtrois des villes,
Baux au rabais des reparatiõs neceſſaires aux mai-
ſons & baſtimens Royaux, fours & moulins bãnaux
& autres dependãces de noſtre Domaine, ouurages
publics, Ponts, Pauez, Chauſſées, reparations
des chemins, Quais, Tallus, reception deſdits ouurages, & autres droiçts quelconques ſans exception dont iouiſſent les autres Officiers de pareille
Generalité; & auront en outre l'execution de nos
Ediçts & commiſſions ordinaires & extraordinaires qui leur ſeront par nous adreſſées, & pour cét
effeçt toutes nos commiſſions qui ſeront d'oreſna-
uant expediées en ladire Generalité, tant pour la
vente & rachapt de noſtre Domaine, regalement
de nos Tailles, recherche & eſtabliſſement de nos

droicts, & generallement toutes autres commiſſions extraordinaires pour quelque cauſe que ce
ſoit leur ſeront adreſſées pour eſtre par eux executées priuatiuement à tous autres Officiers, nonobſtant oppoſitions ou appellations quelcõques, ſans
qu'aucuns de nos autres Officiers, Gouuerneurs
de Prouinces ny autres en puiſſent connoiſtre, ny
d'aucunes de leurs Ordonnances pour le fait & direction de nos Finances. Defendant aux parties de
ſe pouruoir ſur icelles ailleurs qu'en noſtre Conſeil
à peine de mil liures d'amende, & de tous deſpens
dommages & intereſts. Les Preſidens Treſoriers
generaux de France, Garde-ſeels qui feront viſite
& cheuauchée dedans les Eſlections, pourront ſi
bon leur ſemble preſider à l'aſſiette des deniers de
nos Tailles en chacune Eſlection, & à cette fin
aſſigner aux Eſleus le iour qu'ils trauaillerõt, pour
y faire garder vne plus iuſte eſgalité ; Empeſcher
qu'il ne ſoit impoſé ſur nos ſubjects plus grandes
ſommes que celles qui ſeront contenuës dans nos
Commiſſions, & qu'il n'y arriue aucunes non-
valleurs. Voulons en outre qu'ils jouiſſent dedans
ladite Generalité de la juriſdiction contentieuſe
dudit Domaine, droits, rentes & reuenus d'iceluy :
Et ce faiſant qu'ils puiſſent juger en l'eſtenduë de
ladite Generalité difiritiuement & en dernier reſ-
ſort, iuſques à deux cens cinquante liures & au
deſſous pour vne fois payer, & iuſques à dix liures
de rente en fonds, & le double deſdites ſommes
par prouiſion, & qu'ils ayent à paſſer outre à l'in-
ſtruction & iugement difinitif d'icelles, nonobſtant
oppoſitions ou appellations quelconques & ſans

B ji

prejudice d'icelles pour les fommes cy-deffus dont les appellations feront releuées en noftre Cour de Parlement de Paris, conformement à no-ftre Edict du mois d'Auril 1627. fuiuant lequel ils regleront leurs audiances, & procederont au iuge-ment des caufes qui feront traittées pardeuant eux; Comme auffi nous voulons que ladite Iurifdiction de la Voirie foit par eux exercée en tous les lieux de leur eftenduë & Generalité, tout ainfi qu'elle eft à prefent en noftre ville, Preuofté & Vicomté de Paris & eftenduë de ladite Generalité, tant pour la grande que petite Voirie: En toutes lefquelles villes & lieux, ils pourront fi bon leur femble, com-mettre perfonnes capables pour auoir l'œil à ce que ladite Voirie foit inuiolablement obferuée: Lefdits Prefidens recueilleront les voix des Trefo-riers de France fur toutes le affaires qui fe traitterôt audit Bureau , tant aux audiances du Domaine, Chambre du Confeil de la Iurifdiction conten-tieufe d'iceluy, & de la Voirie, que pour le fait de nos finances ordinaires & extraordinaires , lefdits Prefidens & Treforiers generaux exerceront leurs charges collegiallement, mefmes nos Aduocat & Procureur : Au moyen dequoy les efpices, taxa-tions & vaccations, mefmes celles des commiffions extraordinaires, les frais de l'execution d'icelles prealablement defduits, feront communs & parta-gez; A fçauoir, celles defdits Prefidens & Trefo-riers entr'eux, & celles de noftredit Aduocat & Procureur également auffi entr'eux d'eux, auront noftredit Aduocat & Procureur communiquation de tous les Edicts, Declarations & Commiffions,

tant ordinaires qu'extraordinaires qui feront ad-
dreffées aufdits Prefidés & Treforiers generaux de
France tant pour l'impofition & leuée de toutes
fortes de deniers, que pour la diftribution d'iceux.
Comme auffi de toutes les Lettres de prouifion
d'Officiers, Requeftes pour payement de gages,
Baux à ferme, acquits patens de l'Efpargne de
l'ordinaire & extraordinaire des guerres; Et generalement de toutes autres affaires qui fe prefente-
ront audit Bureau, pour y prendre & donner leurs
conclufions; Pourront prendre aux Greffes tous
comptes, eftats, papiers, titres & enfeignemens
que bon leur femblera, pour les voir & s'en feruir
pour le bien de nos affaires. Auront l'œil à ce que
nos Receueurs & comptables facent verifier leurs
eftats dans le temps porté par nos Ordōnances; Et
où ils feroient en demeure, Nous voulons qu'ils y
foient contraints, enfemble au payement des de-
bets de leurs eftats de finances, à la diligence de
noftredit Aduocat & Procureur; Affifteront auec
les Prefidens & Treforiers generaux de France tant
à l'audience qu'à la Chambre de Confeil, & à toutes defcentes, deuis d'ouurages publics : Baux au
rabais qui en feront faits à leurs requeftes & dili-
gences; Reception defdits ouurages, & autres affaires defdits Bureaux, efquels ils auront entrée &
fceance auec lefdits Prefidens & Treforiers generaux de France, pour y prendre leurs conclufions
fur toutes lefdites affaires, ou dedans leur parquet,
ainfi que bon leur femblera, pour lefquelles conclufions ils prendront le fixiefme de ce que lefdits
Prefidens & Treforiers generaux de France pren-

dront pour leurs efpices & droicts, outre & par deffus lefdites efpices, lequel fixiefme fera pareillement receu par le Receueur des efpices dudit Bureau, & partagé entre noftredit Aduocat & Procureur efgalement fuiuant nos Edicts des mois d'Avril 1627. & May 1635. Et en confirmant tous les precedens Edicts de creation & eftibliffement defdites charges, Nous voulons que lefdits Prefidens & Treforiers generaux de France, Gardes-feels, nos Aduocat & Procureur, Receueurs & Controlleurs generaux des finances & du Taillon, Receueurs des gages & efpices. Greffiers & Maiftres Clercs des finances & du Domaine & Voirie prefentement créez, foient maintenus & conferuez en toutes les dignitez, honneurs, pouuoirs, authoritez, exemptions, fonctions & priuileges de leurs charges, mefmes que lefdits Prefidens, Treforiers generaux de France, Garde-feel, Aduocat & Procureur pour nous, conformément aux Edicts des années 1552.1586. 1633. & autres, foiét tenus & reputez comme ils ont toufiours efté du corps des Compagnies Souueraines, Chambre de nos Comptes & Cour des Aydes, fans qu'ils en puiffent eftre feparez ny fubjets à aucune taxe, non plus que les Officiers defdites Cours, aufquelles lefdits Prefidens, Treforiers de France, & Gardes-feel, auront entrée, feance & voix deliberatiue, & iouyront dudit droict de committimus du grand feau, franc-fallé, & tous autres priuileges dont iouyffent lefdits Officiers defdites Cours Souueraines & Commençaux; Pourront les Receueurs generaux des finances, decerner leurs contraintes

contre les Receueurs des Tailles, & autres
dependans de leurs charges, qui seront executez sur
leurs simples escroux, sans qu'ils soient tenus de les
faire verifier audit Bureau. Comme aussi nous voulons & entendons que tous lesdits Officiers presentement créez, iouyssent de toutes exemptions,
Tailles, Aydes, Gabelles, subsides, subuentions,
emprunts de villes, fortification d'icelles; Tu-
telles & Curatelles en quelque lieu du ressort de
ladite Generalité où ils fassent leur demeure, &
que lesdits Presidens Tresoriers generaux de France, Garde-seel, Aduocat & Procureur pour nous,
precederont en toutes assemblées publiques &
particulieres, nos Baillifs & corps de Presidiaux, &
que lesdits Greffiers & Maistres Clercs puissent
commettre à l'exercice desdits Greffes; Place de
Clercs, personnes capables qui seront receus par
lesdits Officiers & dont lesdits proprietaires demeureront ciuilemét responsables. Comme pareillement que les Procureurs créez par le present
Edict, puissent faire & presenter les estats des comptables, & postuler audit Bureau, en ladite chambre du Domaine & Voirie priuatiuement aux Procureurs du Presidial, Preuosté & autres sieges de
ladite ville d'Angers, ausquels Procureurs nous
auons defendu de s'immisser à peine de faux, &
interdiction de leurs charges, & ausdits Presidens
& Tresoriers generaux de France, nos Aduocat &
Procureur de les y admettre. Et afin de donner ausdits Procureurs presentement créez plus de moyen
de s'employer, Nous leur auons permis & permettons de postuler és Iurisdictions du Presidial,

Preuosté & autres de ladite ville, tout ainsi & auec mesme pouuoir que postulent les anciens Procureurs qui y ont esté cy-deuant pourueus, sans que lesdits Procureurs du Bureau & Domaine soient tenus prester autre serment que celuy qu'ils auront presté audit Bureau, Et quant aux Huissiers dudit Bureau & Domaine, ils exploicteront pour les affaires d'iceluy priuatiuement à tous autres, & en outre par tout nostre Royaume, tous iugemens & autres actes de Iustice de quelques Iuges qu'ils soiết émanez : & generalement feront tous autres exploicts à l'instar des Huissiers de nostre Chastelet de Paris. Et afin que les Ordonnances dudit Bureau puissent estre executées plus aisement & auec moins de frais dans le ressort de ladite Generalité, Nous auons permis à quatre des Huissiers de demeurer hors ladite ville d'Angers en telle lieu d'icelle Generalité que bon leur semblera. Ceux qui seront pourueus desdits Offices de Presidens & Tresoriers generaux de France, Garde-seel, nos Aduocat & Procureur, seront receus & installez audit Bureau, encore qu'ils eussent des parens ou alliez en iceluy en degré prohibé par nos Ordonnances, dont nous les auons dispensez & dispẽsons par ces presentes, à la charge toutesfois, que les voix de deux parens se rencontrant vniforme, ne seront comptées que pour vne, pourront estre receus les pourueus desdits Offices graduez ou non graduez, & longue & courte robbe, au choix & option desdits Officiers, en la forme & maniere d'examen que sont receus les Officiers de mesmes Generalitez, & sans que lesdits Receueurs & Tre-

soriers

foriers fufdits foient tenus de donner caution ny
certificateur de leur maniement ; Iouyront pareillement lefdits Prefidens, Treforiers generaux de
France, Gardes-feels, nos Aduocat & Procureur,
Receueurs generaux de nos Finances, de la difpen-
fe des quarante iours, la prefente année & les deux
fuiuantes fans payer aucun preft ny aduance, quart
ou fixiéme denier de l'eualuation de leurs Offices,
ny droiɛt Annuel; Apres lequel temps ils y feront
receus en payant les mefmes fômes que celles cy
deuant payées pour le droiɛt Annuel des Prefidens
& Treforiers generaux de France & autres Officiers du Bureau de Tours; & nos Aduocat & Procureur, auffi pareille fomme que ceux eftablis és
autres Bureaux de ce Royaume, fans que lefdites
taxes & éualuations defdits Offices puiffent eftre
augmentées cy-apres pour quelque caufe que ce
foit, ny qu'ils puiffent eftre contrains à faire aucun
preft ny aduance, ains y feront receus en payant
l'Annuel feulement; Et pource auffi qu'à caufe du
grand nombre d'Offices de nouuelle creation qui
reftent à debiter, & de diuerfes attributions &
conftitutions de rentes que nous auons ordonnées
depuis peu, il y aura de la difficulté de trouuer des
perfonnes pour fe faire pouruoir defdits Offices,
Nous permettons à tous ceux de nos Subjets qui
nous voudront fecourir des fommes portees par les
quittances de nos Parties Cafuelles qui s'expedi-
ront pour lefdits Offices, de iouyr des gages &
droits d'entrée, de prefence & de bufche attribuées
aufdits Offices, enfemble de ce qui leur pourra
appartenir des vingt fols pour mil liures audit Of-

fice de Treforier de France, Garde-feel en vertu
des lettres de prouifion defdits Offices expediées
les noms en blanc dont ils feront porteurs, & ce
durant la prefente année & les deux fuiuantes; A
cette fin les Receueurs & Payeurs qui feront char-
gez de recouurir & receuoir le fonds defdits gages
& droicts feront tenus d'en faire le payement aufdits porteurs defdites prouifions en leur faifant
apparoir d'icelle, & ce fur leur fimples quittances
que nous voulons eftre paffées & allouées en la
defpence de leurs eftats & comptes fans aucun e
difficulté, Nonobftãt tous Edicts, Reglemens, Or-
dõnances, vs, ftil, rigueurs de comptes & lettres au
contraire, Aufquelles nous auons dérogé & déroges
par ces prefentes. Et pour aucunemẽt dédommager
les Officiers du Bureau des Finances de Tours du
retranchemẽt que nous faifons à leur Generalité des
fufdites Eflections pour créer celle d'Angers, Nous
leur auons donné & donnons en contr'efchange les
Eflections de Vendofme & Chaftelleraut, que
nous auons diftraittes des Generalitez d'Orleans
& Poictiers, pour reffortir deformais au Bureau des
Finances de Tours; Et enjoignons à cette fin aux
Officiers defdites Eflections de fe pouruoir à l'ad-
uenir pardeuant les Treforiers dudit Tours, comme
& en la mefme forme qu'ils font vers ceux d'Orleans & Poictiers, à peine de nullité de toutes procedures, & de dix mil liures d'amende contre les
contreuenans, auec defenfes aufdits Treforiers &
autres Officiers defdits Bureaux des Finances de
Poictiers & Orleans d'en cõnoiftre fur les mefmes
peine. SI DONNONS EN MANDE-

MENT, A nos Amez & Feaux Conſeillers, les Gens tenans noſtre Cour de Parlement & Chambre des Comptes à Paris, Que noſtre preſent Edict ils faſſent lire, publier, regiſtrer & le contenu en iceluy inuiolablement garder & obſeruer ſans permettre qu'il y ſoit côtreuenu en aucune maniere, nonobſtant oppoſitions ou appellations quelconques, pour leſquelles & ſans prejudice d'icelles ne voulons eſtre differé ; Et ſi aucunes interuiennent, Nous en auons retenu & reſerué, retenons & reſeruons la connoiſſance à nous & à noſtre Conſeil, & icelle interdite à toutes autres Cours, Iuges & Officiers quelconques, nonobſtant auſſi tous Edicts, Ordônances & Reglemens, Arreſts, Defenſes, Priuileges & autres lettres à ce contraires ou données en côſequence : Auſquelles & aux dérogatoires y contenuës, Nous auons dérogé & dérogeons par ceſdites preſentes; CAR tel eſt noſtre plaiſir. Et par ce que de ces preſentes l'on pourra auoir affaire en pluſieurs lieux, Nous voulons qu'au vidimus d'icelles deüement collationné par vn de nos amez & feaux Conſeillers & Secreteires, foy ſoit adiouſtée comme au preſent original : Auquel afin que ce ſoit choſe ferme & ſtable à toûjours, auons fait mettre noſtre ſeel, ſauf en autre choſe noſtre droict & l'autruy en toutes. DONNE'à Paris au mois de May, l'an de grace mil ſix cens quarante cinq. Et de noſtre Regne le troiſiéme. Signé LOVIS, *Et plus bas*, Par le Roy, la Reyne Regente ſa Mere preſente, DE GVENEGAVD. *Et à coſté*, Viſa. Et

ſeellé du grand Seau de cire verte ſur lacs de ſoye
rouge & verte.

L EV, publié & regiſtré, Oüy & ce reque-
rant le Procureur General du Roy. A
Paris en Parlement le Roy y ſeant, la Reyne
Regente ſa Mere preſente, le ſeptiéme iour de
Septembre mil ſix cens quarante cinq. Signé,
DV TILLET.

L EV, publié, & regiſtré en la Chambre
des Comptes, Oüy & ce requerant le Procureur General du Roy, du tres-expres com-
mandement de ſa Maieſté, porté par Monſieur
le Duc d'Orleans, venu expres en ladite
Chambre, aßiſté du ſieur Mareſchal de Baſ-
ſompierre, & des ſieurs Talon & d'Irual
Conſeillers du Roy en ſes Conſeils, l'vnziéme
Septembre mil ſix cens quarante qinq. Signé,
BOVRLON.

Collotionné à l'Original par moy Conſeiller,
Secretaire du Roy & de ſes Finances.